灵秀古城 州府神韵

临海市博物馆

临海市博物馆 编著

西泠印社出版社

临海市博物馆简介

临海市博物馆是集研究、展览、文物收藏、公共教育和文化交流于一体的综合性博物馆。其前身为 1951 年 3 月成立的台州专区文物管理委员会。馆址屡经变迁，现坐落于临海灵湖景区西北。

博物馆馆藏文物逾 5 万件，涵盖青铜器、书画、陶瓷器、玉器、金银器、古籍等门类，文物收藏量居台州各地之首，在浙江省地方博物馆中亦居于前列。占地面积 28.6 亩（约 1.9 公顷），总投资 1.69 亿元，地上建筑面积 13700 平方米，其中展厅及辅助面积 8500 平方米。馆内有历史、翼龙、民俗三个常设陈列厅和两个临时展厅，是了解临海历史文化、乡风民俗、翼龙奥秘的最佳窗口。

千载州府风韵，台学文脉流徽。临海市博物馆将坚定文化自信，积极响应文化浙江建设号召，留住历史根脉，保护历史文物，传承中华文明，弘扬优秀文化，致力打造成为收藏历史文物的宝地、展示历史文明的胜地、研究历史文脉的高地、传承历史文化的基地。

臨海市博物館

台州置州一千四百周年系列

序

在浙江省内，临海市博物馆久有“历史长、藏品多”之称。据统计，其当前馆藏文物 9539 件（套），其中国家珍贵文物 1254 件（套），古籍 7522 件（套），文物文献单件总量 50000 有余，是临海与台州，乃至浙东南地区历史文化发展的具体物证，较为系统地呈现了地域文化脉络。

1950 年，受浙江省文管会孙孟晋等先生嘱托，项士元先生回乡联系文物文献保护工作。在项先生多方呼吁与省文管会的督促指导下，1951 年 3 月 4 日，台州专署成立台州专区文物管理委员会（筹），时任台州专署专员的张子敬兼任主任，许雪樵、项士元等任副主任。之后，台州专区文物管理委员会（以下简称台州专区文管会）数经变迁。1954 年，台州专署撤销，台州专区文管会与县文化馆合署办公，改属临海县文教科，并设文物组。1956 年成立临海县文物管理小组。1959 年 9 月，改名临海县博物馆。

自 1951 年台州专区文管会成立之始，项士元先生呕心沥血，筚路蓝缕，积极投身文物文献征集保护工作。至 1956 年末，已征集古籍十万册，其他文物万余件，并陆续向省文管会呈交了传世钱镠画像、王士琦墓出土金银玉器等文物文献 300 余件（套）。

后来，在郑文斌、徐三见等数代文博人接续不断的努力下，临海县博物馆藏品不断丰富，社会影响力不断增强。

但由于历史条件所限，这些文物数经迁徙，由台州府文庙迁东湖樵云阁，之后部分文物又迁临海红楼，再迁至临海东郭巷。因保管面积、人员、经费等方面的不足，20 世纪 90 年代，博物馆又将除珍贵古籍、地方文献之外的近 8 万册古籍移交给临海市图书馆。

2012 年，在临海市委、市政府的重视下，临海市博物馆灵湖新馆正式破土动工。经过 5 年建设，于 2017 年 12 月 29 日正式向公众开放。

新馆占地面积 28.6 亩，总建筑面积 21212 平方米，地上部分面积 13700 平方米，共有历史、民俗、翼龙三个固定陈列厅和两个临时展厅。“灵秀古城　州府神韵——临海历史文化陈列”以时间为线索展示临海六个历史时期的发展成就和社会面貌；“飞翔在白垩纪的天空——临海浙江翼龙探秘”展示了临海浙江翼龙的外形，栖息、行走与飞行等生活习性及其发现地的滨海丛林地貌；“与时光永存的记忆——临海传统的乡风民俗”致力展现临海传统的乡风民俗。除主馆外，博物馆兼管同一建筑体内的卢乐群艺术馆，在临海市东湖景区还设有东湖石刻碑林，陈列台州历代石刻碑志百余方。

作为集收藏、保护、研究、展览、公共教育和文化交流于一体的综合性博物馆，临海市博物馆开馆 5 年来，修复文物 300 余件（套），推出各类临时展览 70 个，举办各类宣传教育活动 285 场次，举办全国性学术研究活动 3 场次；年参观量超过 30 万人次，海外观众逾万人次。“华光重现——馆藏文物修复成果展”入选全省十大精品展陈，“春风化雨润三台”展览海报获评全国优秀海报。完成《钱王铁券摹册》《临海洪氏倦舫法帖释读与研究》等各类研究成果二十余项。2020 年，临海市博物馆获评国家二级博物馆。

作为重要的地域文化地标，临海市博物馆致力于把自己打造成为收藏历史文物的宝地、展示历史文明的胜地、研究历史文脉的园地、传承历史文化的基地，以及具有海内外影响力的文化打卡地。不负先贤，不负时代，不负未来！

临海市博物馆馆长 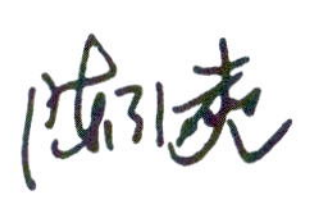

目录

001 灵秀古城　州府神韵
——临海历史文化陈列

078 飞翔在白垩纪的天空
——临海浙江翼龙探秘

瓯地春秋
史前时代的临海
在涌泉凤凰山麓灵江流沙中采集的人类化石，表明在距今十万年前的旧石器时代，已有人类在灵江两岸繁衍生息。到数千年前的新石器时代，人类的活动范围已拓展到临海境域的各个地区。他们属于广布东南沿海的百越族的一支——瓯越人。与中原汉人相比，瓯越人更重视现实的生存与发展，形成了精勤耕战的文化传统。这一传统长期影响着人们的价值观念和行为方式，并贯穿于他们文明创造的历史进程中。
Linhai in the Prehistoric Era
Human fossils, collected in the quicksand of the Lingjiang River at the foot of the Phoenix Mountain, gave clear evidence to human multiplication and existence in the Paleolithic Age over 100,000 years ago. Human activities extended to different regions in Linhai in the Neolithic Age thousands of years ago. These ancient people were Ouyue people—one branch of Baiyue Tribe in China's southeast coast. Compared with the Han nationality in Central Plains, they cared more about their survival and development, thus a cultural tradition of farming and warfare was formed. This tradition has exerted an enduring and profound impact on people's values and behaviors, influencing their history of civilization and creations.
石器时代
前言
临海，千年台州府的所在地，一座充满魅力的历史文化名城。她西负连绵的天台、括苍山脉，东拥辽阔的东海，由蜿蜒起伏的丘陵，延向纵横如织的河网平原。临海的文明创造就是在这种多样的环境中进行的。从十万年前的灵江人开始，度过漫长的石器时代，经历了由瓯越而华夏的民族同化过程。在汉、吴南拓的进程中，章安湖畔展现了最初的繁华。经过秦汉六朝的初步开发，及至五代两宋时期，在灵江之畔、巾山之麓，开始出现农商繁荣、文教昌盛的景况。瓯越人的尚武之气渐渐褪去，崇文之风蔚然兴起，但古越人自强不息、务实创新的传统却被传承下来，与儒家文化共同铸成了儒雅又不失硬朗的文化品格。这种品格成为历久弥新的文化基因，影响着一代代临海人的行为与观念，在古典与现代交相辉映的城市格局和临海人张弛有度的步态中彰显无遗。
Preface

灵秀古城 州府神韵
——临海历史文化陈列
THE HISTORIAL AND CULTURAL EXHIBITION OF LINHAI

灵秀古城 州府神韵
——临海历史文化陈列

临海，千年台州府的所在地，一座充满魅力的历史文化名城。她西负连绵的天台、括苍山脉，东拥辽阔的东海，由蜿蜒起伏的丘陵，延向纵横如织的河网平原。临海的文明创造就是在这种多样的环境中进行的。从十万年前的灵江人开始，度过漫长的石器时代，经历了由瓯越而华夏的民族同化过程。在汉、吴南拓的进程中，章安湖畔展现了最初的繁华。经过秦汉六朝的初步开发，及至五代两宋时期，在灵江之畔，巾山之麓，开始出现农商繁荣、文教昌盛的景况。瓯越人的尚武之气渐渐褪去，崇文之风蔚然兴起，但古越人自强不息、务实创新的传统却被传承下来，与儒家文化共同铸成了儒雅又不失硬朗的文化品格。这种品格成为历久弥新的文化基因，影响着一代代临海人的行为与观念，在古典与现代交相辉映的城市格局和临海人张弛有度的步态中彰显无遗。

瓯地春秋

史前时代的临海

在涌泉凤凰山麓灵江流沙中采集的人类化石，表明在距今十万年前的旧石器时代，已有人类在灵江两岸繁衍生息。到数千年前的新石器时代，人类的活动范围已拓展到临海境域的各个地区。他们属于广布东南沿海的百越族的一支——瓯越人。与中原汉人相比，瓯越人更重视现实的生存与发展，形成了精勤耕战的文化传统。这一传统长期影响着人们的价值观念和行为方式，并贯穿于他们文明创造的历史进程中。

瓯地春秋
史前时代的临海
Linhai in the Prehistoric Era

石器时代
灵江人化石

石轮
新石器时代

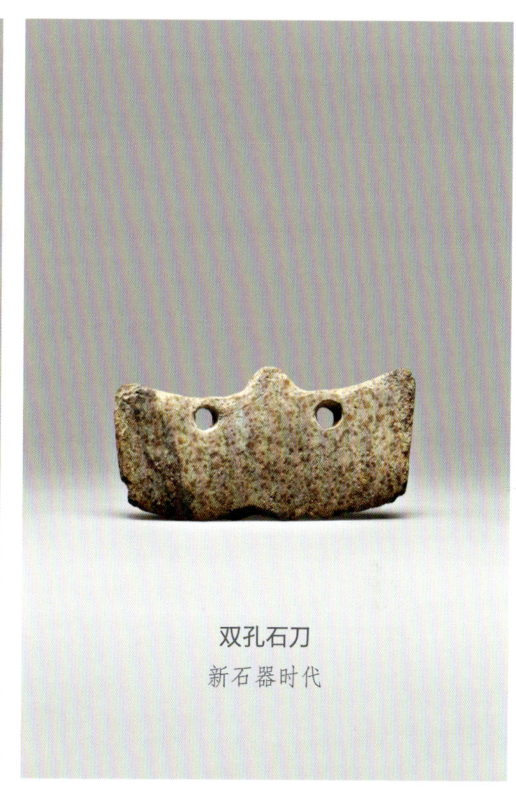

双孔石刀
新石器时代

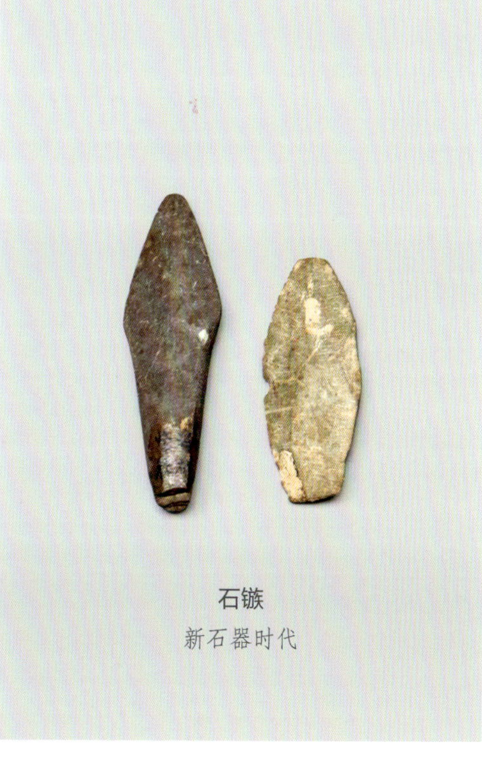

石镞
新石器时代

三孔石犁
新石器时代

灵江畔的瓯越人

曲折纹印纹硬陶罐

西周

麻布纹印纹硬陶罐

战国

米字纹印纹硬陶罐

战国

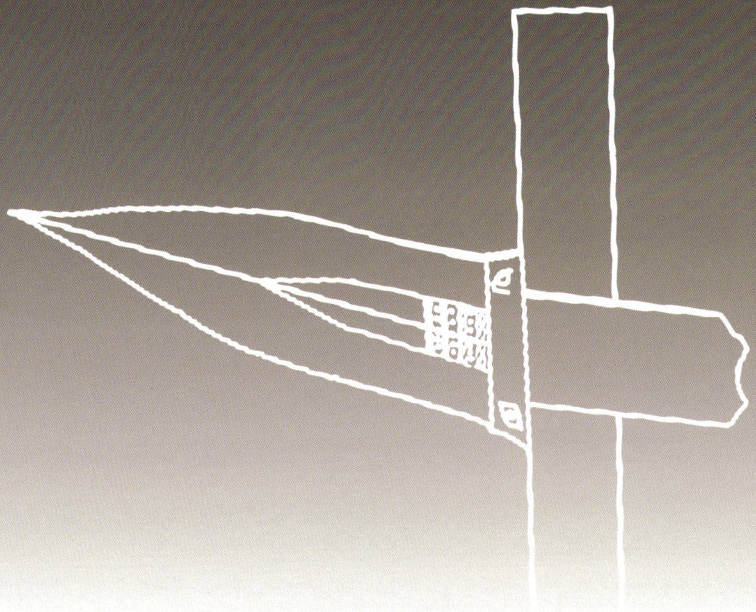

青铜直内戈

商

青铜剑
春秋战国

青铜镰
东周

古港名郡

秦汉六朝时期的临海

秦统一之初，临海仅在名义上属朝廷统辖，汉武帝设立回浦乡后，才被正式纳入中央政权的郡县体系。章安因其得天独厚的地理位置，成为汉王朝南拓的前沿，也是浙东南率先发展起来的地方。三国东吴政权的建立，改变了临海远离政治中心的局面，其发展受到较多的关注。东吴设立临海郡，并着力开发，临海迎来了历史上第一次发展高潮。

南拓前沿
赤栏桥
始建于晋，初建时中间有亭，两端有楼，朱栏翼翼，故称赤栏桥，后称章安桥。现桥系清乾隆四十五年（1780）重建，为三洞石拱桥。
成公绥作《云赋》
晋武帝泰始年间（265～274），章安令成公绥登赤栏桥望江作《云赋》。
会稽郡
回浦县

古港名郡
秦汉六朝时期的临海
Linhai in the Qin, the Han and the Six Dynasties Periods
临海设郡

铜弩机

汉

三足青铜洗

三国

铜鐎斗

三国

两系青瓷罐

三国

卫温、诸葛直远征夷洲

相连四百余里，江泸溪梁六十余所。”
——唐 道宣《续高僧传·智顗传》
“丹丘谷，夏冬再熟。
——《临海水
干姜等经济作物

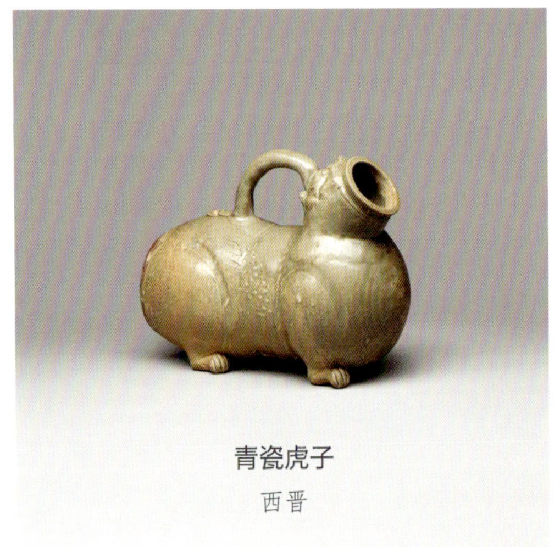
青瓷虎子
西晋

青瓷鸡首壶
东晋

青瓷唾盂
东晋

铜熨斗

西晋

青瓷耳杯

东汉

点彩四系青瓷罐

东晋

青瓷虎子

东晋

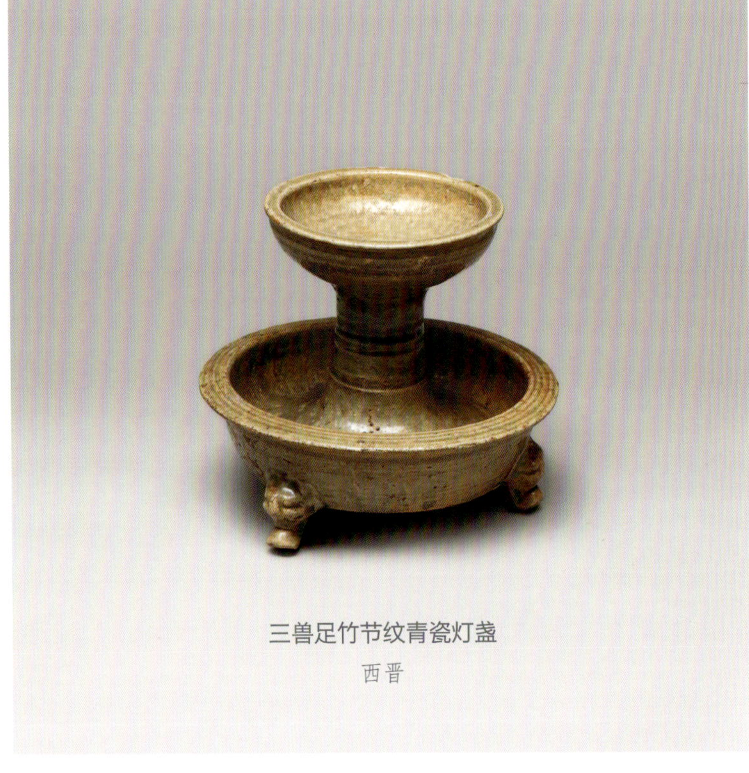

三兽足竹节纹青瓷灯盏

西晋

弦纹点彩青瓷蛙盂

晋

博局纹铜镜

东汉

重列神兽纹铜镜

三国

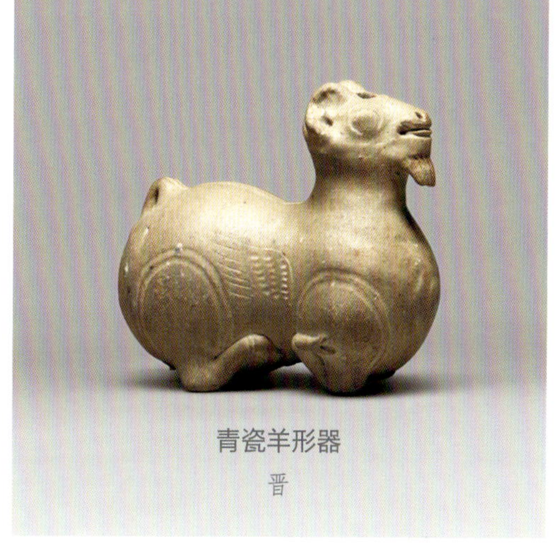

青瓷羊形器

晋

三台都会

隋唐时期的临海

隋唐时期，临海是台州的政治与文化中心，经济也有较大的发展。然而，由于地理上僻处沿海，远离都城长安，临海又往往成了不少官员的贬谪之地。但其中品学俱优的学者的到来，给临海的文化注入了新的活力。其中最具代表性的是人称“诗书画三绝”的郑虔，他以教化为己任，推动了台州地区文化和教育的发展。

农工商贸
人户与农业

瑞兽鸾鸟纹铜镜
唐

双系青瓷罐
唐

刻花浅腹青瓷碗
唐

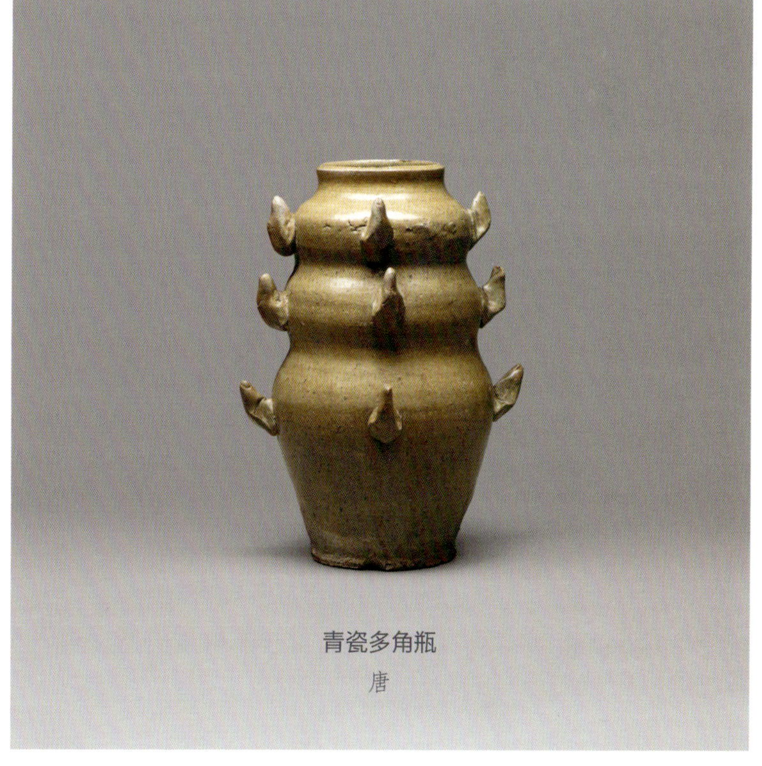
青瓷多角瓶
唐

造船
冶铁
制瓷

划花青瓷粉盒

五代

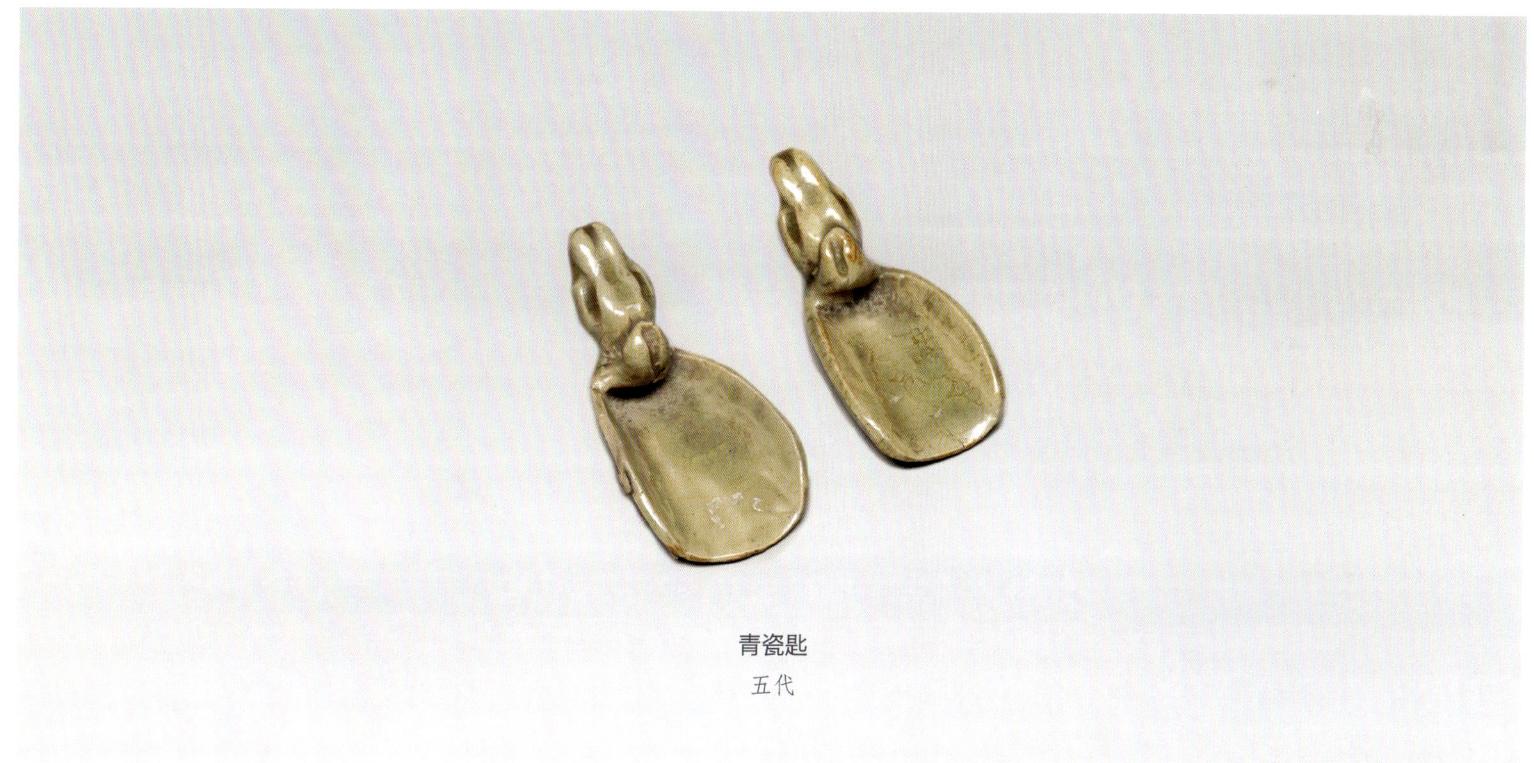

青瓷匙

五代

佛道气象
盖竹洞天

铜佛像

唐

铜钵

唐

龙兴寺瓦当

唐

政通业盛

五代两宋时期的临海

吴越两宋时期，长期被视为边僻之地的临海与朝廷的关系达到前所未有的密切程度，临海的发展因此受到了更多关注，经济文化迎来了全面发展的高潮。这一时期的临海政局相对稳定，少有战乱，加上州县重视农业生产，临海的经济有了较快的发展，同时也带动了文化的繁荣。两宋时期，临海广开办学之路，官学、私学并举，造就了诸多留名青史的才俊。

修筑台州城
壮城指揮
两宋政事

“东涧”铭波曲纹龙首衔环大铜瓶

宋

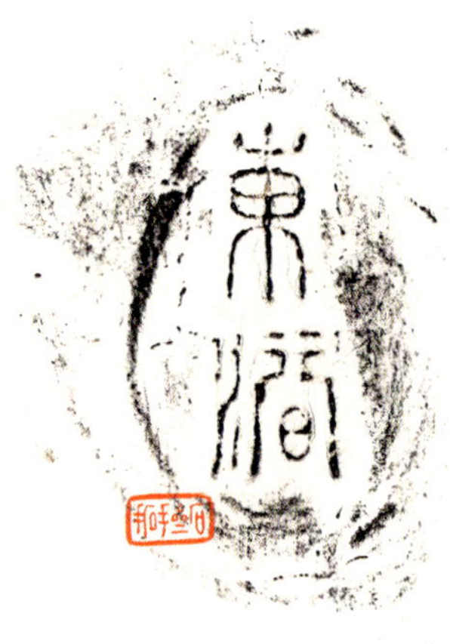

此錢武肅王銅瓶底
今藏錢大綂家

“东涧”铭波曲纹龙首衔环大铜瓶拓片

"太师钱左相府印信"朱文橛钮铜印

宋

波曲纹铜鬲拓片

波曲纹铜鬲

宋

许市窑青瓷标本

五代

铁牛
宋

莲瓣纹青瓷盖盒
北宋

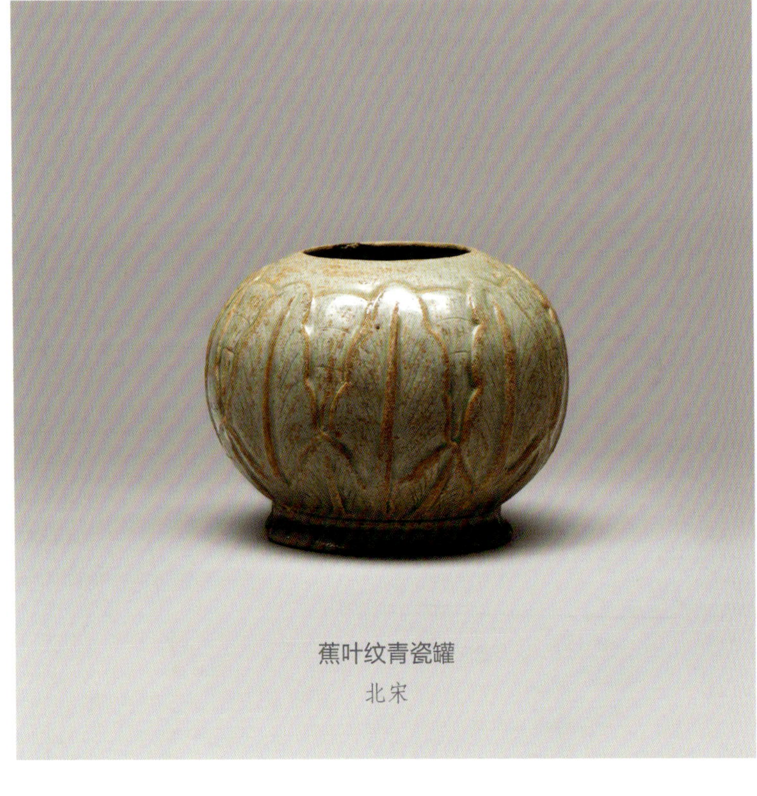

蕉叶纹青瓷罐
北宋

龙泉窑刻划月梅纹青瓷斗笠碗
南宋

大晟

夔龙钮云雷纹铜大晟应钟（前）

北宋

應鐘

夔龙钮云雷纹铜大晟应钟（后）

北宋

朝覲去其國如去傳舍其
朝廷甚大昔竇融以河西歸
其支祖墳塋祠以太牢令錢
及百年墳廟不治行道傷嗟甚
荅民心之義也臣願以龍山廢
觀使錢氏之孫為道士曰自然

反清与迁海
紫陽橋

兽面纹四足铜方鼎
北宋宣和五年（1123）

凤鸟兽面纹铺首衔环铜尊

宋

龙泉窑青瓷公道杯剖面图

龙泉窑青瓷公道杯
南宋

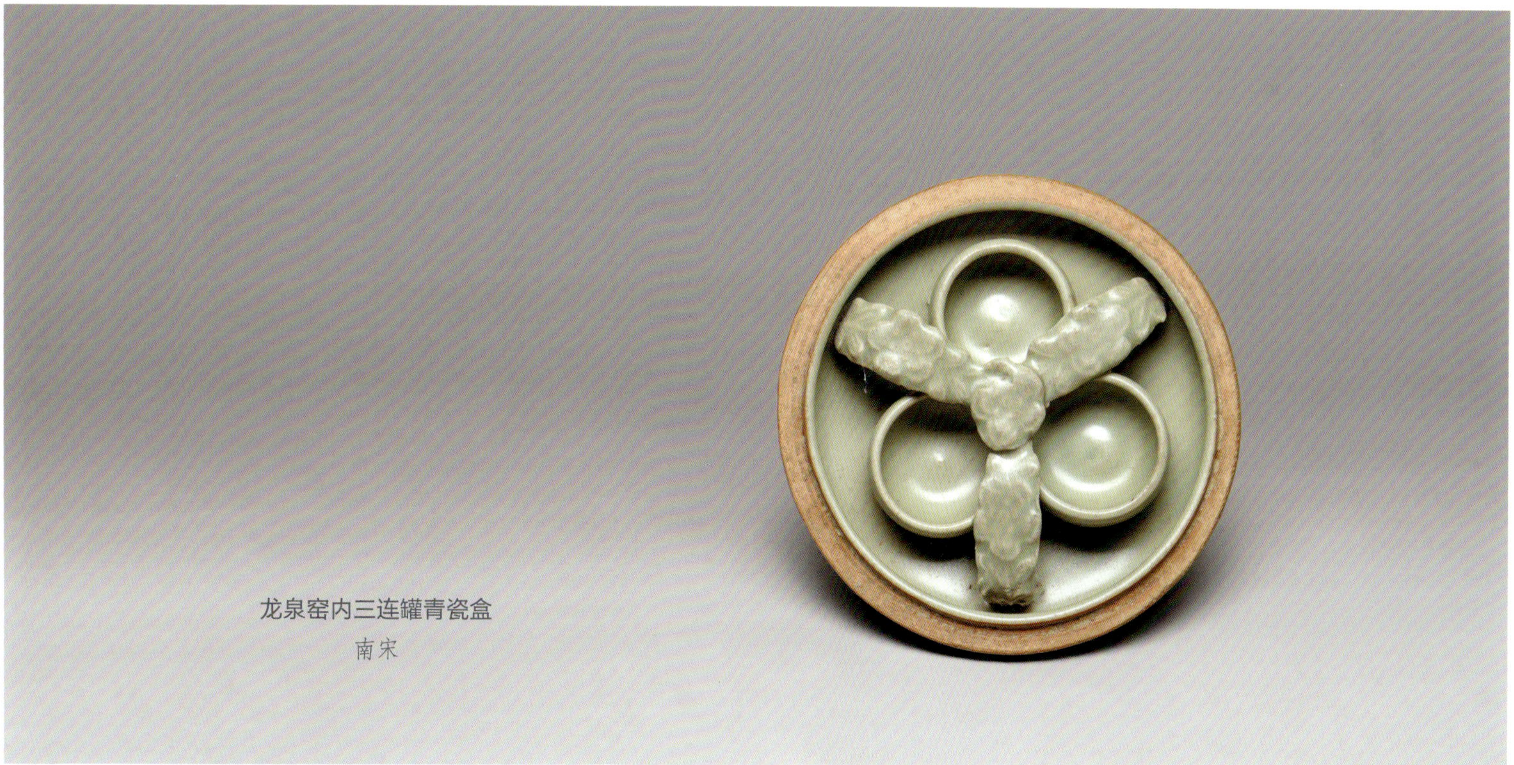

龙泉窑内三连罐青瓷盒
南宋

紫陽

临海的佛教与道教在隋唐时期步入鼎盛，延续至五代两
海与海外的宗教交流也日益频繁。佛教方面，最为著名的是
研习天台宗；道教方面，代表人物是临海人张伯端。
巾山双塔
真如寺
惠国寺佛湾摩崖石刻
寺院：
僧尼：
田：
地：
山林：
寺基：

陶塑佛像

北宋

“徐太”款模印佛像砖

北宋

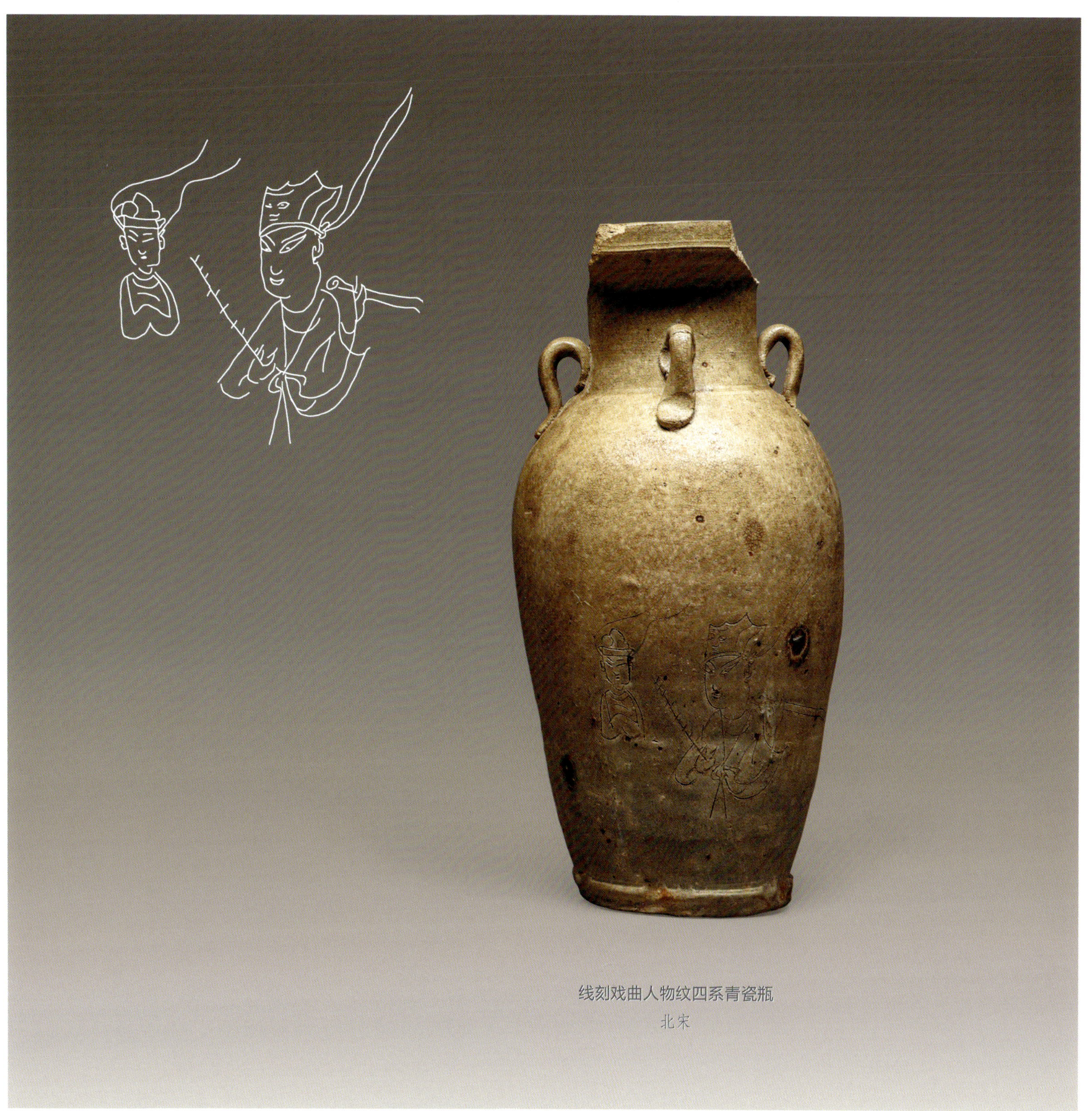

线刻戏曲人物纹四系青瓷瓶

北宋

海阔浪高

元明清时期的临海

元明清三朝，临海在磨砺中不断发展。民族矛盾、倭寇侵扰、自然灾害相互交织，社会处于剧烈的动荡中。但是当社会环境进入相对平稳阶段，临海的经济还是得到了发展，农业和传统手工业仍取得不俗的成就，文教事业也获得了长足的进步。清朝末年，临海开始出现近代化趋势，逐渐向近代社会转型。

海阔浪高
元明清时期的临海
元明清三朝，临海在磨砺中不断发展。民族矛盾、倭寇侵扰、自然灾害相互交织，社会处于剧烈的动荡中。但是当社会环境进入相对平稳阶段，临海的经济还是得到了发展，农业和传统手工业仍取得不俗的成就，文教事业也获得了长足的进步。清朝末年，临海开始出现近代化趋势，逐渐向近代社会转型。
Linhai in the Yuan, the Ming and the Qing Dynasties
The Yuan, the Ming and the Qing Dynasties witnessed the twists and turns in Linhai plagued by ethnic conflicts, invasion of Japanese pirates, natural disasters and violent social turmoil. However, once there was a relatively stable social environment, Linhai developed its economy, agriculture and traditional handicraft, culture and education. Besides, Linhai society was gradually transforming into a modern one with features of modernization at the end of the Qing Dynasty.

方国珍起事

戚继光、谭纶抗倭

桃渚所城
桃渚所城隶属于海门卫，明洪武二十年（1387）九月建于下旧城，永乐间迁至中旧城，正统八年（1443）迁至今址。桃渚是台州抗倭的前沿要冲，嘉靖年间在抗击倭寇的战斗中发挥了极为重要的作用。

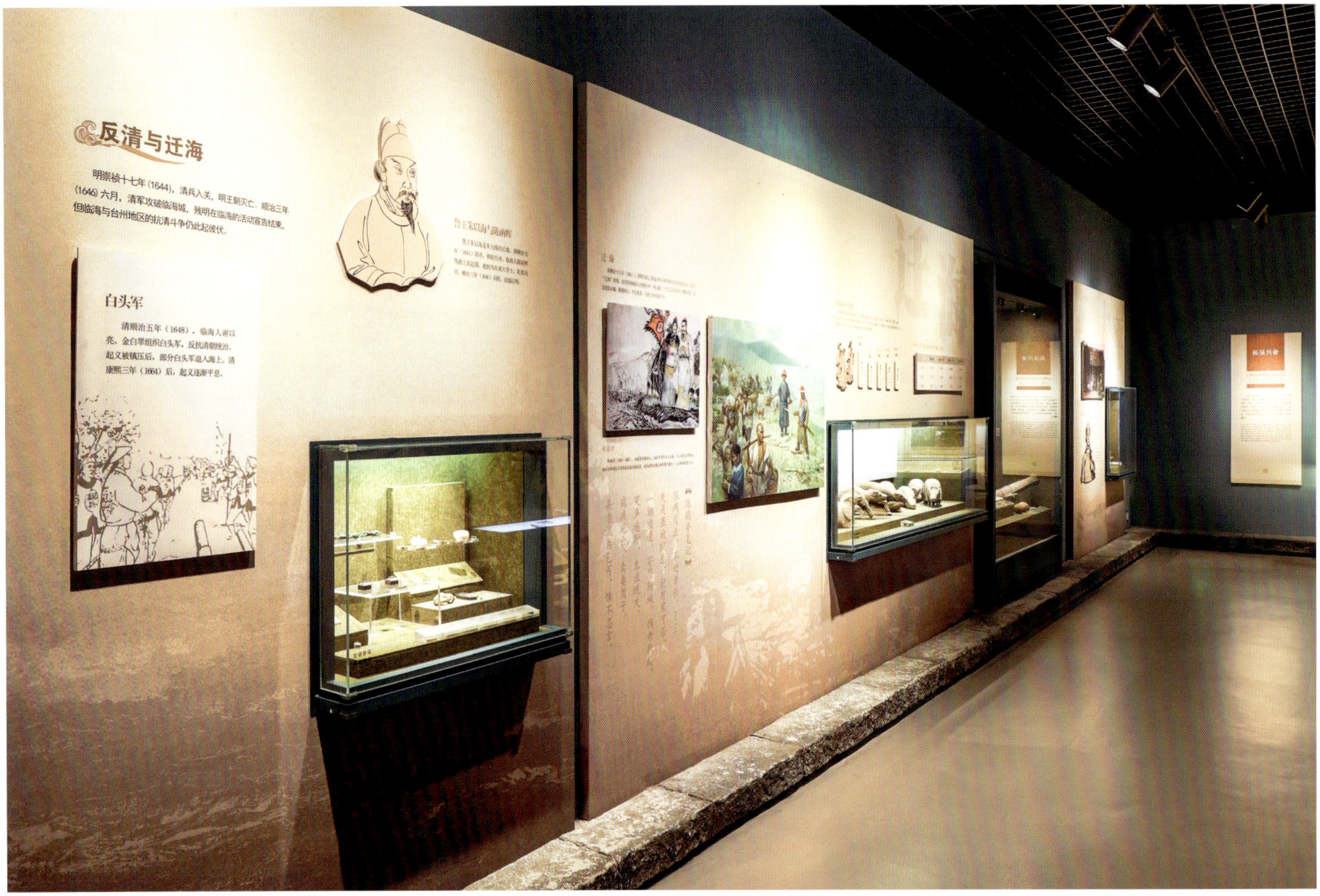
反清与迁海
明崇祯十七年（1644），清兵入关，明王朝灭亡。顺治三年（1646）六月，清军攻破临海城，残明在临海的活动宣告结束，但临海与台州地区的抗清斗争仍此起彼伏。
白头军
清顺治五年（1648），临海人谢以亮、金白翠组织白头军，反抗清朝统治。起义被镇压后，部分白头军退入海上。清康熙三年（1664）后，起义逐渐平息。

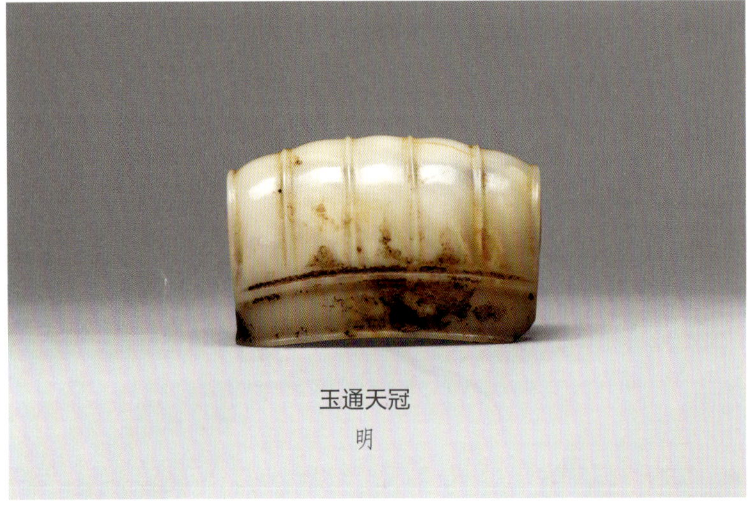

玉通天冠

明

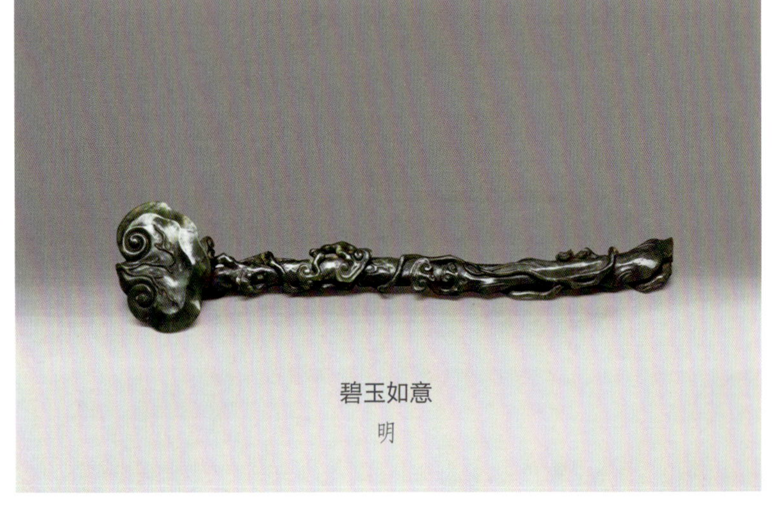

碧玉如意

明

“陈函辉印”朱文银印

明

“寒山木叔”白文银印

明

蔡潮治水摩崖
年（1531），蔡潮组织
士。著有《霞山集》。
御史蔡民玉置闸建碲
明洪武十七年（1384），御史蔡民玉在古桥村（今属椒江）置章安古桥闸。四年后，又在溪口上蔡建十八碲（坝），总蓄水量近1万立方米，至今仍发挥着重要作用。
古桥闸
海塘示意图
宋代海塘
遗

交通与商业
清代末期临海海上客运
海上客运

文庙铜编钟

清雍正十年（1732）

重刻台学源流跋

临海的艺文与学术
艺文方面，最具特色的是雕塑
术方面，尤为突出的是经世致
的兴起，以王士性最具代表性，
出的人文地理理念比德国哲学
尔早200多年。
文明参
请勿触

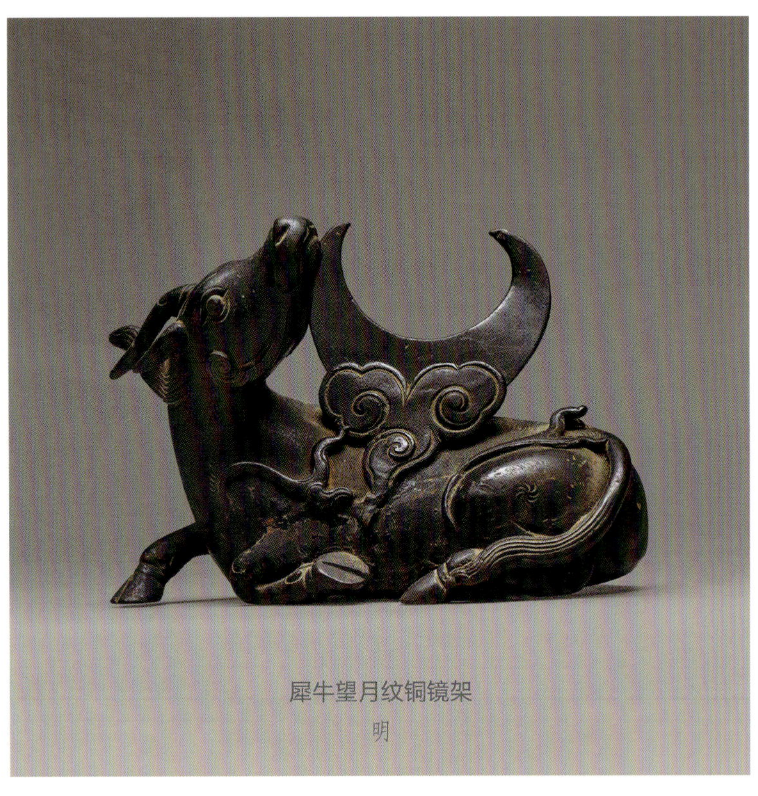

犀牛望月纹铜镜架

明

玉鸳鸯

清

铜蟹

明清

德化窑刘海戏金蟾白瓷摆件

清

嵌银丝铜观音像

清

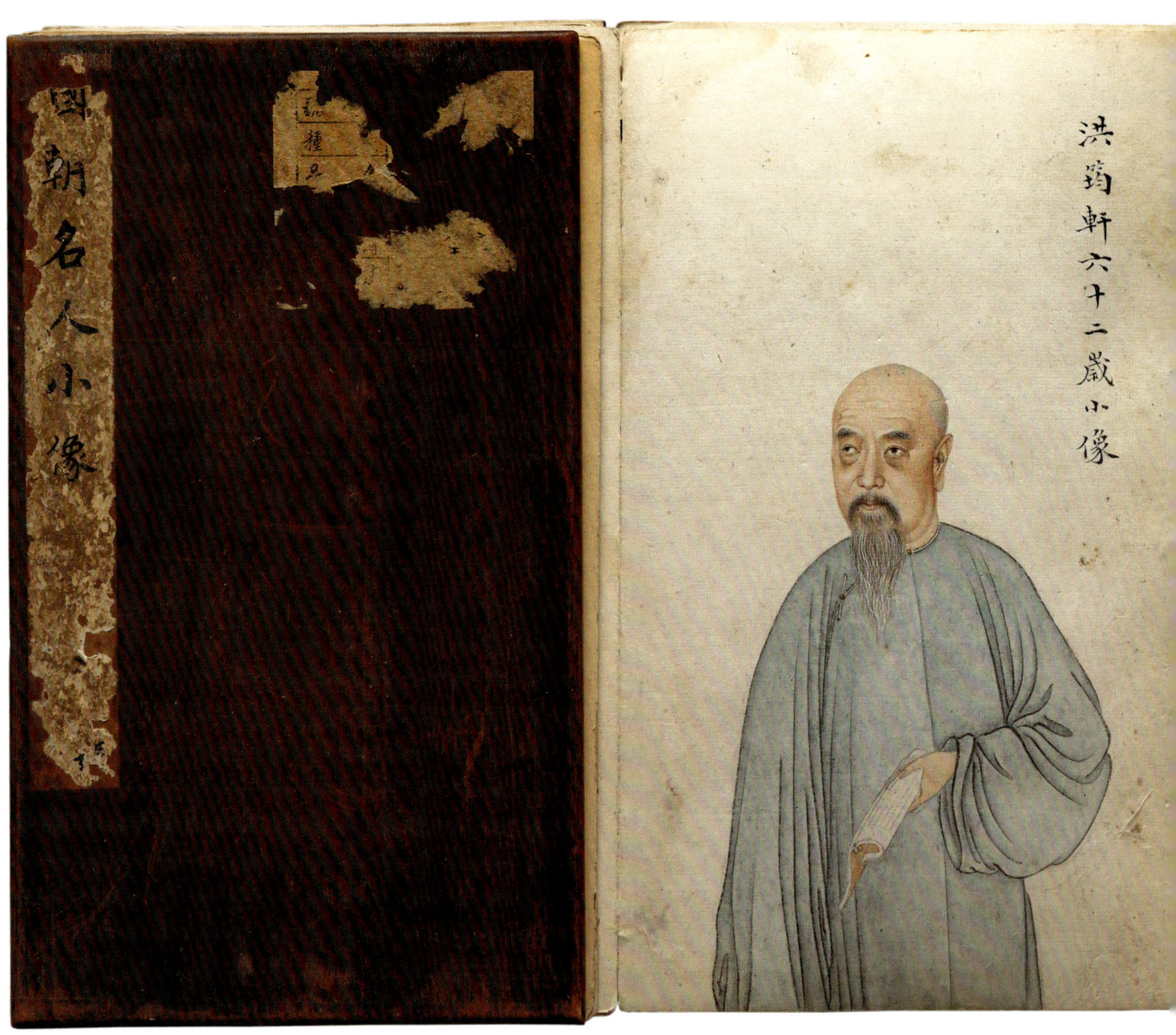
國朝名人小像
洪筠軒六十二歲小像

清代名人小像册

清道光

风云际会

民国时期的临海

1911 年爆发的辛亥革命推翻了清王朝的统治，结束了延续两千多年的帝制时代，也推动了中国从传统社会向现代社会的全面变革。临海近代产业与近代文化在这样的背景下发展起来。然而，这一进程受到日本侵华战争的极大干扰，临海人民同仇敌忾，与全国人民一道投身到抗日救亡的运动中。抗日战争结束后，临海人民又投入争取和平与生存的解放战争中，直到 1949 年五星红旗飘扬在这座千年古城的上空。

风云际会
民国时期的临海
临海的革命党人
在辛亥革命的准备时期，台州就是光复会的主要活动地区之一。辛亥革命中，临海的革命党人形成一个醒目的群体，他们中有“名满东南的光复旧勋”王文庆、“报国拼此身”的杨哲商、“只尽我心先我责”的杨镇毅……在他们的身后，还有更多的临海志士，为这场革命舍生取义、义无反顾。据统计，临海籍辛亥革命志士多达100余人，仅岭根村就有14人。
杨哲商
王文庆
Linhai in the Republic of China

电报、汽车
与轮船
临海地区近代产业的兴起
消火栓

临海县私立高等小学校 → 私立回浦高等小学校
三台中学堂 → 台州府中学堂 → 省立六中 → 省立台州中学
近代文化的兴起
回浦校誌
会稽道师范第三讲习所 → 浙江省第六师范
消火栓

中国安民军
"中国安民军"
台州中心县委
王观澜与徐明清

结束语
Conclusion

结束语

自隋唐以来，临海就是州府治所，是台州地区的政治、经济与文化中心，直至 1994 年台州行政中心迁至椒江。从这个意义上可以说，临海的历史就是台州的历史。在这片土地上，瓯越人的精明务实与儒家文化的博雅淳厚共同孕育出既大气磅礴又灵秀精致的临海文化。文天祥所誉“海山仙子国”的妩媚动人，与鲁迅所说“台州式硬气”的刚正不阿，在这里巧妙地融为一体。进入当代，临海依然保持着探索创新的热情与勇气，昂然挺立在中国沿海开放城市的前沿。岁月流逝，世事更迭，临海这座千年古城所经历的辉煌，以及其在人们心中的那份敬重，已化作区域历史中永远挥之不去的记忆。

飞翔在白垩纪的天空

——临海浙江翼龙探秘

这是生活在中生代白垩纪晚期的临海浙江翼龙。它们曾在附近的海滨觅食，在天空飞翔，追逐着爱情，养育儿女。6600 万年前，它们和恐龙一起消失在地球上。这种亿万年前的生物是怎样生活的？它们栖息在怎样的环境中？长什么模样？行为方式和习性如何？经过长期的探索，人类逐渐认识了翼龙的世界，并在一定程度上能将它们的样貌与生活再现出来。当然，这种认知尚属初步，围绕着这位中生代的空中霸主，依然有许多未解之谜。或许，在未来的某一天，正是您，亲爱的观众，成为解开这些谜团的人。

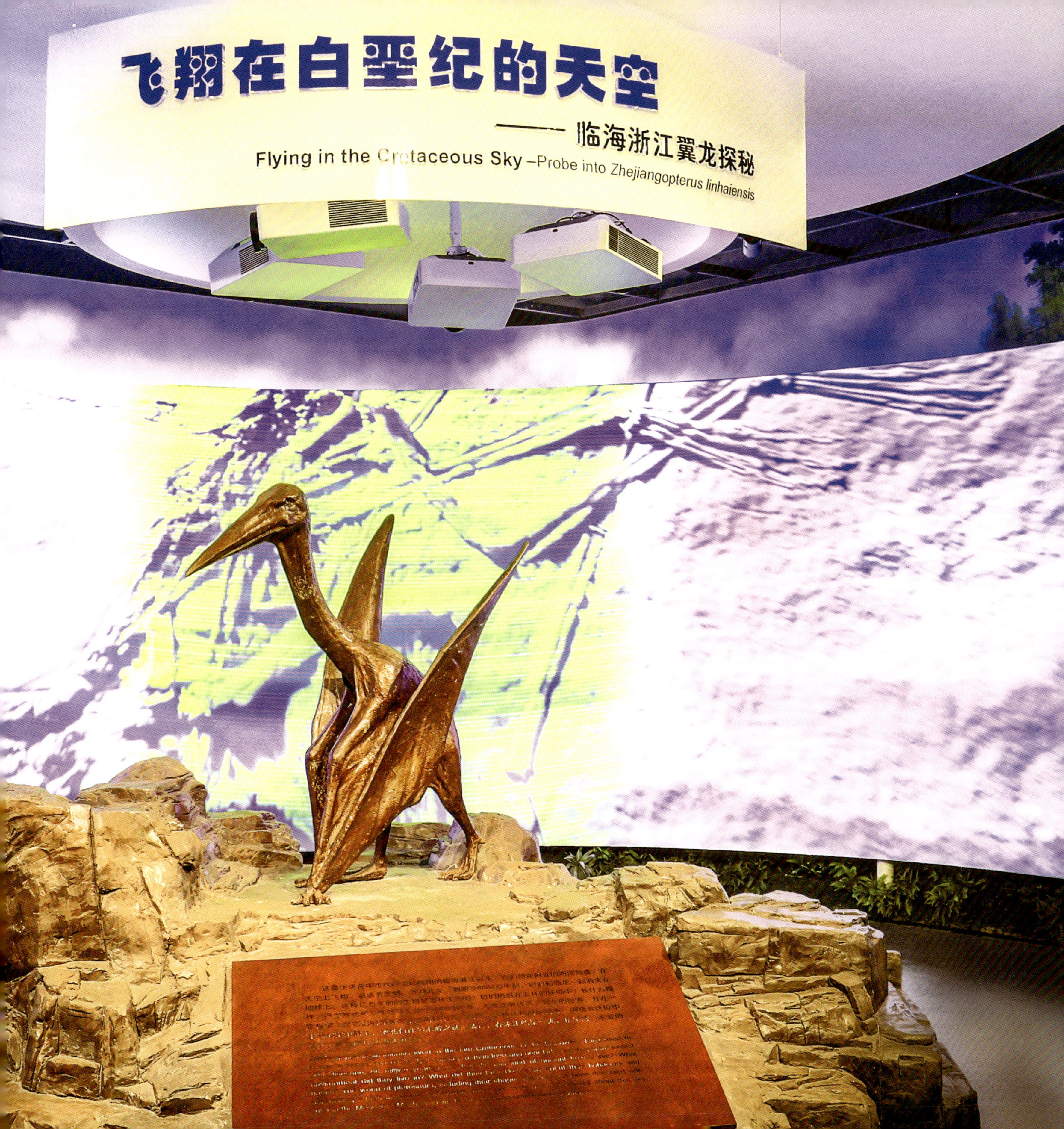
飞翔在白垩纪的天空
——临海浙江翼龙探秘
Flying in the Cretaceous Sky –Probe into Zhejiangopterus linhaiensis

翼龙是什么？

翼龙是与恐龙一起生活在中生代的爬行动物。它飞翔在天空，骨骼中空，难以形成化石，保留的信息远不如恐龙多，所以人们对它的认识多有模糊之处。有人将它视作恐龙的一种，也有人将它看作鸟或蝙蝠的同类。事实上，翼龙既非恐龙，也与鸟及蝙蝠没有关系。那么，翼龙到底是怎样的一种动物呢？科学家的定义是：翼龙是飞行爬行动物，是地球上第一类飞行的脊椎动物。

临海浙江翼龙是
怎样发现的?

翼龙是什么？
What were Pterosaurs?

临海浙江翼龙化石

晚白垩世

翼龙是什么？
What were Pterosaurs?
翼龙是与恐龙一起生活在中生代的爬行动物，它飞翔在天空，骨骼中空，难以形成化石，保留的信息远不如恐龙多，所以人们对它的认识多有模糊之处。有人将它视作恐龙的一种，也有人将它看作鸟或蝙蝠的同类。事实上，翼龙既非恐龙，也与鸟及蝙蝠没有关系。那么，翼龙到底是怎样的一种动物呢？科学家的定义是：翼龙是飞行爬行动物，是地球上第一类飞行的脊椎动物。
Pterosaurs and dinosaurs were both reptiles living in the Mesozoic. They were flying in the sky with hollow bones difficult to form into fossils. Except that, they were rather ambiguous to people with less information than dinosaurs. They were considered one species of dinosaurs or of the same species with birds or bats; however, they were neither dinosaurs nor birds or bats. Scientists defined them as a flying reptile and among the first species of flying vertebrates on the earth.
翼龙是会飞的恐龙吗？

翼龙不能像恐龙那样
直立行走
恐龙生活在陆地，翼龙在空中飞行

What did Zhejiangopterus

达尔文翼龙化石

中侏罗世

鹦鹉嘴龙化石

白垩纪

临海浙江翼龙是什么模样？

一定会有许多观众想知道临海浙江翼龙长什么模样。我们知道，不同种类的翼龙有不同的解剖学特征与外形。所以，要想知道临海浙江翼龙的外形，我们必须先要明确它属于翼龙的哪一类。目前全世界被正式描述过的翼龙约有 130 种。那么，临海浙江翼龙究竟属于其中的哪一种呢？有科学家将临海浙江翼龙纳入夜翼龙科，但也有科学家指出，它属于神龙翼龙科。

临海浙江翼龙是什么模样？
What did Zhejiangopterus linhaiensis look like?
喙嘴龙类、达尔文翼龙和翼手龙类的比较
翼手龙类
达尔文翼龙
喙嘴龙类
爱护展品
请勿踩踏

中国翼龙类的演化关系树及地层

李氏凤凰翼龙化石
中侏罗世

翼龙的个体大小和形态差异
翼龙的不同种属，其个体大小和形态差异非常大，大者两翼展开约16米，宽度比F-16战斗机还长约1.5米，小者形如麻雀。
1.风神翼龙
2.诺氏风神翼龙
3.长头豚嘴翼龙
4.沛温翼龙
5.西阿翼龙
6.梳颌翼龙
7.魏氏准噶尔翼龙
请勿触摸

临海浙江翼龙是怎样栖息、行走与飞行的？

确定了临海浙江翼龙的种类与形态，我们再来看看它们是怎样栖息、行走和飞行的。当代的研究表明，翼龙在行走时表现为半直立步态，以四足在地上移动。至于翼龙为何能在空中飞行，则引起了更多的关注。一些难得的足迹化石透露出翼龙着陆的过程。

行走与飞行的?
linhaiensis inhabit, walk and fly?
临海浙江翼龙发现有什么意义?
临海浙江翼龙

新的研究显示，至少有一部分翼龙，在地面上的活动能力相当不错。它们采用四足移动的方式顺利行走，甚至快速奔跑。神龙翼龙的足迹化石显示，至少有部分翼龙行走时采取后肢直立步态。
鸟类用脚趾站立行走
与鸟类不同，翼龙用脚掌行走
翼龙足迹化石
较小型翼龙的行走
翼龙是怎样飞行的？
飞行剧场

玲珑塔达尔文翼龙化石

中侏罗世

临海浙江翼龙的生活习性如何？

翼龙生活在不同的环境中，形成了不同的食性：有些捕食鱼虾，有些掠食昆虫，也有些食用植物。最近的一些新发现提供了更多关于翼龙生活习性的细节，包括它们的性别特征、求偶与生育行为等。这些新的研究成果使我们能对临海浙江翼龙的生活方式与习性做出更中肯的判断，尤其是它们的觅食方式。

辽西翼龙胚胎化石告诉我们：翼龙是卵生而非胎生。
发现辽西翼龙胚胎化石
Were pterosaurs oviparous or viviparous?

求偶
交配

临海浙江翼龙生活的时代与环境是怎样的？

翼龙出现在 2 亿多年前的晚三叠世，直到 6600 万年前消失在地球上，大约生存了 1.5 亿年。临海浙江翼龙生活在晚白垩世的坎潘期，距今 7000 多万年，是中国目前发现的最晚的翼龙。那么，白垩纪的世界是怎样的？临海浙江翼龙生活的环境又是怎样的呢？

翼龙出现在2亿多年前的晚三叠世，直到
6600万年前消失在地球上，大约生存了1.5亿
年。临海浙江翼龙生活在晚白垩世的坎潘期，
距今7000多万年，是中国目前发现的最晚的翼
龙。那么，白垩纪的世界是怎样的？临海浙江
翼龙生活的环境又是怎样的呢？
Pterosaurs lived on the earth for 150 million years
from the late Triassic more than 200 million years
ago to 66 million years ago. Zhejiangopterus
linhaiensis, living in the late Cretaceous
Campanian 70 million years ago, have been the
most recent pterosaurs discovered in China so far.
Then what did the Cretaceous world look like and
what environment did they live in?

临海浙江翼龙生活的时代与环境是怎
What period and environment did Zhejiangopterus

辽宁枝化石
早白垩世

狼鳍鱼化石
早白垩世

驰龙化石
早白垩世

满洲龟化石
早白垩世

枝脉蕨化石
早白垩世

似阴地蕨化石
早白垩世

临海浙江翼龙生活在怎样的环境里？

从现存的地质遗迹看，白垩纪晚期，即临海浙江翼龙生活的时代，临海地区火山运动活跃。在今天的临海国家地质公园，我们能够看到火山运动遗留下来的一些痕迹。虽然我们还无法弄清当时生物世界的具体情形，但雁荡长尾鸟和浙东副鲚鱼的化石遗存，以及周边天台地区大量的恐龙蛋化石，为我们对那个时代的想象增添了实证材料。

恐龙蛋（圆形）化石
白垩纪

恐龙蛋（长形）化石
白垩纪

蛙嘴翼龙化石

早白垩世

谷氏中国翼龙化石
早白垩世

地球与生命：翼龙生活的时代坐标

翼龙虽然是中生代天空的霸主，但在地球生命的演化过程中，它只是其中一类参与者与见证者。为了更深入地了解翼龙在地球生命历史中的地位，我们利用这条科普长廊，讲述一个关于地球与生命的故事。同时，也再谈一谈翼龙的近亲：恐龙。

地球与生命
Earth and Life: Time When Pterosaurs Lived
翼龙生活的时代坐标
翼龙虽然是中生代天空的霸主，但在地球生命的演化进程中，只是其中一类参与者与见证者。为了更深入地了解翼龙在地球生命历史中的地位，我们利用这条科普长廊，讲述一个关于地球与生命的故事。同时，也再谈一谈翼龙的近亲：恐龙。
Though pterosaurs were rulers in the Mesozoic sky, they were only one participant and witness in the evolution of earth's life. We will tell a story about the earth and life in this corridor of popular science for a deeper understanding of the position of pterosaurs in earth's life history. Meanwhile, we will narrate dinosaurs, a close relative of pterosaurs.
矿物与岩石
MINERALS AND ROCKS
Understanding Minerals and Rocks
认识矿物与岩石

矿物及其形成
Minerals and their formation
矿物是在地质作用过程中形成的结晶态的天然化合物或单质，具有均匀且相对固定的化学组成和确定的晶体结构，在一定的物理化学条件范围内稳定，是组成岩石和矿石的基本单元。矿物是化学元素通过内生作用、外生作用、变质作用等地质作用过程发生运移、聚集而形成的。

发现与认识

Dinosaur Family
恐龙大家族
理查德·欧文
恐龙之名的由来——“恐怖的蜥蜴”
1842年，英国比较解剖学家理查德·欧文爵士将巨齿龙、禽龙和林龙归为恐龙类（Dinosauria）。Dinosauria一词的词根来自于希腊文“deinos”和“sauros”，意为恐怖的蜥蜴，鉴于它们的牙齿、利爪、巨大体型以及其他令人印象深刻的恐怖特征。
典型的爬行蜥蜴姿态
头骨 Skull
颈椎 Cervical Vertebra
肩胛骨 Scapula
背肋 Dorsal Rib
背椎 Dorsal Vertebra

与时光永存的记忆

——临海传统的乡风民俗

临海位于台州中部，三面环山，一面濒海。由于资源与环境的差异，各区域间的生活、劳作与风俗习惯各有不同：丘陵山地之民耕山植林，聚族而居，民风古朴；河谷平原之民种粮栽果，热衷商贸，脾性温和；滨海渔民捕鱼晒盐，终年与风浪为伴，性格豪迈粗犷。各地物产从乡村和渔港流向市镇，繁荣了城乡商贸，促进了中心城市的发展。在临海多样化的生态环境中，人们创造了丰富多姿、颇具特色的民俗文化。这些民俗文化既反映在衣、食、住、行等日常生活中，也反映在人们的公共活动与精神世界中。

与时光永存的记忆
Eternal Memories with Time
——临海传统的乡风民俗
—— Folk Customs of Linhai

城乡往事
生计中的风俗习惯

临海地貌复杂多样，以丘陵和山地为主要特征，兼有谷地、平原、江河、滩涂和岛屿。山地居民伐林植茶，谷地与平原居民种粮栽果，过着传统的耕织生活。从桃渚到台州湾之间的海岸线以及近海岛屿上，散落着众多渔村，人们主要以捕鱼为生。中部的河谷平原交通相对便利，成为物资集散的枢纽，并随着商品交换的活跃，发展成人口稠密的市镇，成为区域经济与文化的中心。多样的自然环境造就了各地不同的生业形态与生活习俗，也造就了丰富多彩的民俗文化。

城乡往事
生计中的风俗习惯
Folk Customs in Livelihood
Linhai has a varied topography, mainly with hills and mountains and partly with valleys, plains, rivers, mud flats and islands. The people on hills and mountains live off tea planting and forestation, those in valleys and plains live off farming and planting fruit trees, those in the fishing villages along the seacoast from Taozhu to Taizhou Bay and on offshore islands live off fishing. Central valley plains have relatively good transportation, and become the hub for the transportation of goods, and with frequent exchanges of commodities, densely populated towns became regional economic and cultural centers. The diverse natural environments created different means of livelihood and customs as well as a rich and colorful folk culture.

乡村风物
Rural Scenery
Mountainous villages are located in the Kuocang Mountain, the
Dalei Mountain and the extension of the Qiushui Mountain where
mainly drought-resistant crops, e.g. wheat, cereals and tea trees
are planted. Rice is cultivatedon valley plains and mountain
terraces. Plain villages are located on the east of the mountains.
In addition, as the Datian Plain and coastal plains are major rice
production areas, they have long been known as "the land of fish
and rice" in Linhai. Different environments and resources have
created different lifestyles and ways of working.

民歌

农家厨房
农家烧饭用镬灶，由砖和黄泥砌成，
有单眼灶和双眼灶。燃料为稻秆、麦秆、
茅柴、木柴等，助燃工具有火棍和风箱。
照明主要用蜡烛、菜油灯或煤油灯。

水陆通达
灵江上往来运输的长船
古街集市

清河坊

人生礼仪

从摇篮到彼岸

从出生到死亡，人的一生始终离不开家族与社会。在祈福与约束中，民间逐渐形成了规范秩序的各种人生礼俗，并积淀成根深蒂固的传统。代代相传的仪规和活动，既表达了对生命过程的珍视，也反映了对家族的依恋。临海民俗有瓯越遗风，同时也吸收了北人带来的中原礼俗，至两宋时期，以儒家文化为基础的人生礼俗在临海基本成型。从生育、婚礼至丧葬，人们恪守传统，但也会根据时代的发展适时变动。

新生
Birth
人生礼仪
从摇篮到彼岸
Life Etiquettes
从出生到死亡，人的一生始终离不开家族与社会。在祈福与约束中，民间逐渐形成了规范秩序的各种人生礼俗，并积淀成根深蒂固的传统。代代相传的仪规和活动，既表达了对生命过程的喜悦，也反映了对家族的依恋。临海民俗有瓯越遗风，同时也吸收了北人带来的中原礼俗，至两宋时期，以儒家文化为基础的人生礼俗在临海基本成型。从生育、婚礼至丧葬，人们恪守传统，但也会根据时代的发展适时变动。
A human cannot exist without family and society from birth to death. In the blessings and constraints, a series of orderly folk customs and deep-rooted traditions were gradually standardized and accumulated. Those procedural etiquettes and activities express not only the joy of life but attachment to the family. Linhai folklore is a combination of the Ouyuel egacy and the rituals of the Northern Central Plains. It was not until the Song Dynasties that customs based on Confucian culture took shape. Generally, people follow the traditional etiquettes, including births, weddings and funerals, but some families have also adapted to the times.

三台書院
先師孔子行教像
半甌春茗過花時
八月秋濤供筆

乐舞颂歌
迎会与节庆

无论是禳灾还是祈福，人们都会求助神明，以获得佑护。每逢岁时节庆或迎神赛会，民间往往通过戏曲、舞蹈、竞技等表演来祭祀神明，纪念英雄，娱乐身心。临海庙会、节庆中的民间艺术异彩纷呈，商品贸易和娱乐活动相融，宗教信仰与世俗文化互渗，集中体现了临海的社会风尚。

乐舞颂歌
迎会与节庆
Festivities and Celebrations
People usually resort to gods for spiritual strength in dispelling calamities and winning blessings. At festivals and spiritual practices, different sacrifices are held to worship the gods, commemorate heroes. This includes entertainment through operas, dances and sports. Linhai temple fairs, colorful folk art in festivities, intermingling commercial and recreational events, well blended faiths and secular cultures epitomize the social climate in Linhai.

立夏
端午

國泰民安
風調雨順

大石牛灯戏

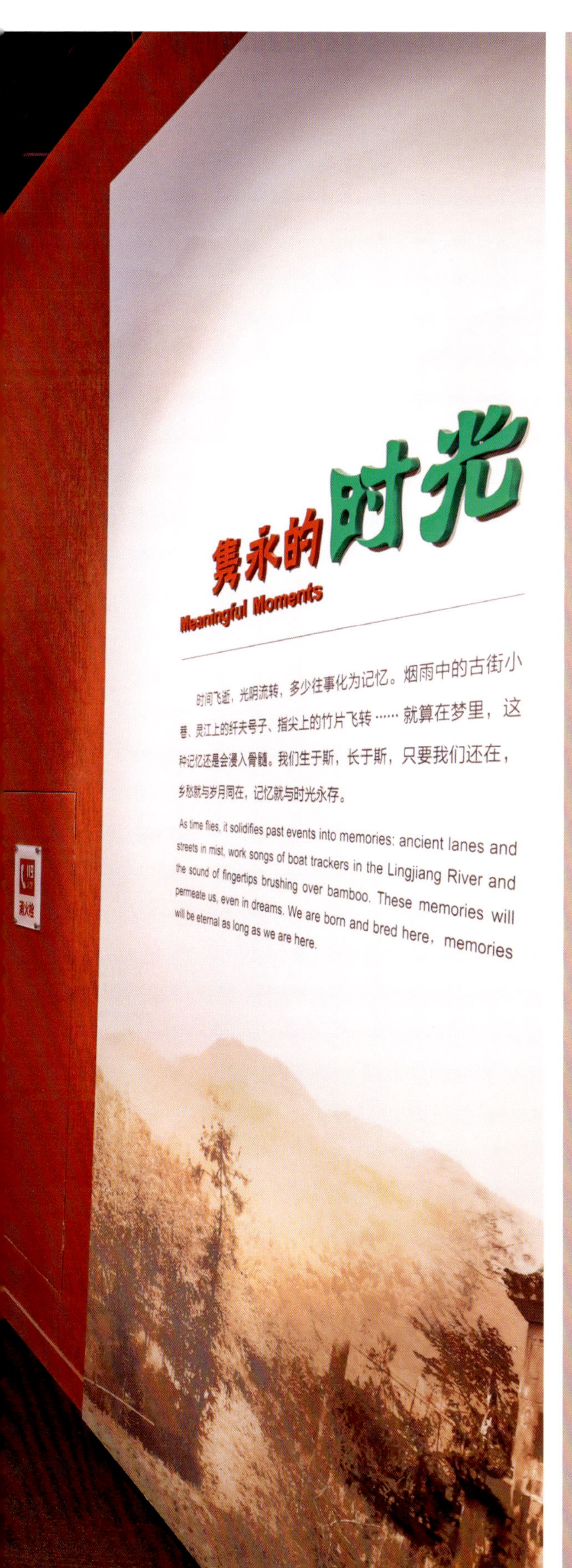
隽永的时光
Meaningful Moments
时间飞逝，光阴流转，多少往事化为记忆。烟雨中的古街小巷、灵江上的纤夫号子、指尖上的竹片飞转……就算在梦里，这种记忆还是会浸入骨髓。我们生于斯，长于斯，只要我们还在，乡愁就与岁月同在，记忆就与时光永存。
As time flies, it solidifies past events into memories: ancient lanes and streets in mist, work songs of boat trackers in the Lingjiang River and the sound of fingertips brushing over bamboo. These memories will permeate us, even in dreams. We are born and bred here, memories will be eternal as long as we are here.

隽永的时光

时间飞逝，光阴流转，多少往事化为记忆。烟雨中的古街小巷、灵江上的纤夫号子、指尖上的竹片飞转……就算在梦里，这种记忆还是会浸入骨髓。我们生于斯，长于斯，只要我们还在，乡愁就与岁月同在，记忆就与时光永存。

临时展览

邹鲁遗风

临海市博物馆馆藏金石书画展

锦绣堆

临海市博物馆馆藏精品特展

湖山寻梦

蒲华和他的台州师友们

春风化雨润三台

走进台州的文化大家

华光重现

临海市博物馆馆藏文物修复成果展

台州式硬气

纪念台州置州一千四百周年特展

邹鲁遗风
临海市博物馆馆藏金石书画展

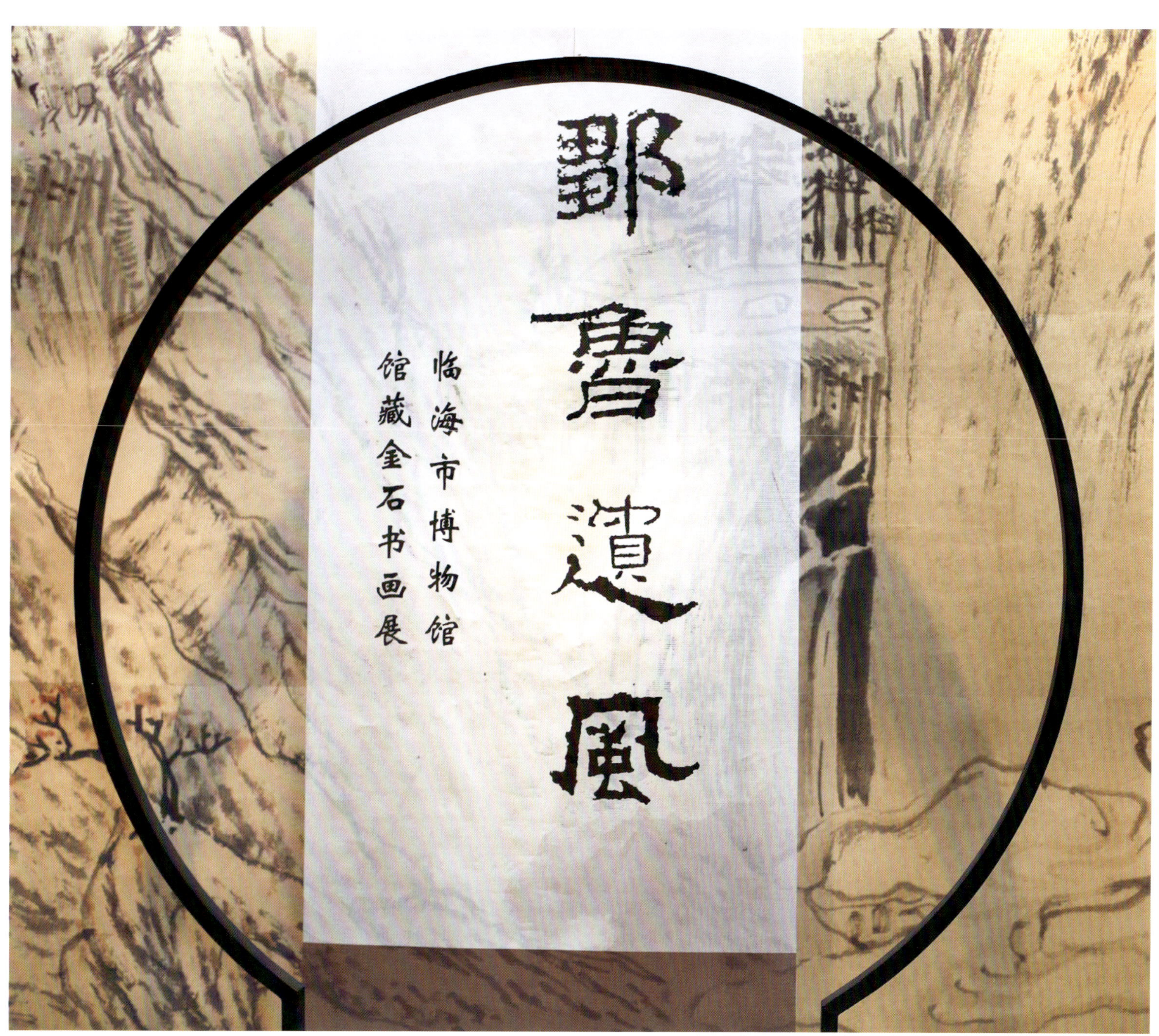
鄒魯遺風
臨海市博物館
館藏金石書畫展

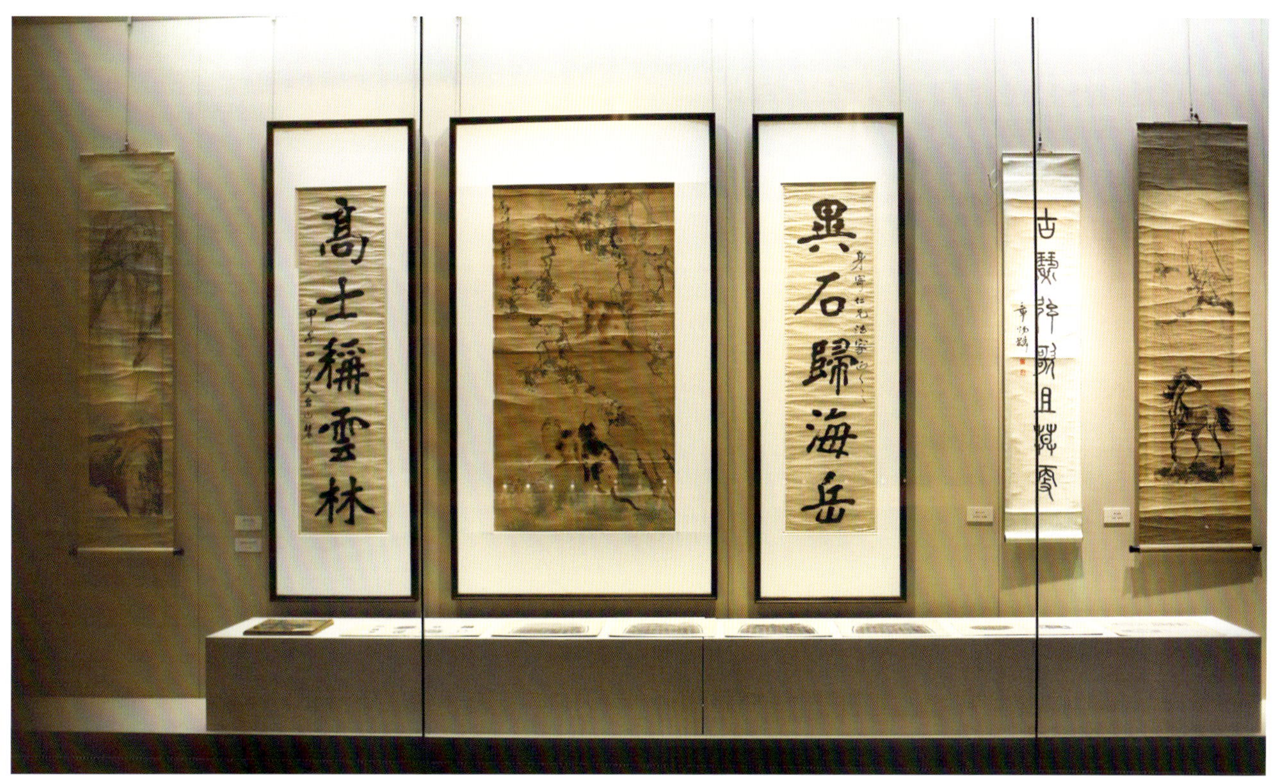
高士稱雲林
異石歸海岳

锦绣堆

临海市博物馆馆藏精品特展

邹鲁遗风之
锦绣堆
临海市博物馆
馆藏精品特展
展览地点·博物馆一楼第一临展厅
展览时间·二〇一九年五月十八日起
临海市博物馆
LINHAI MUSEUM

文采风流

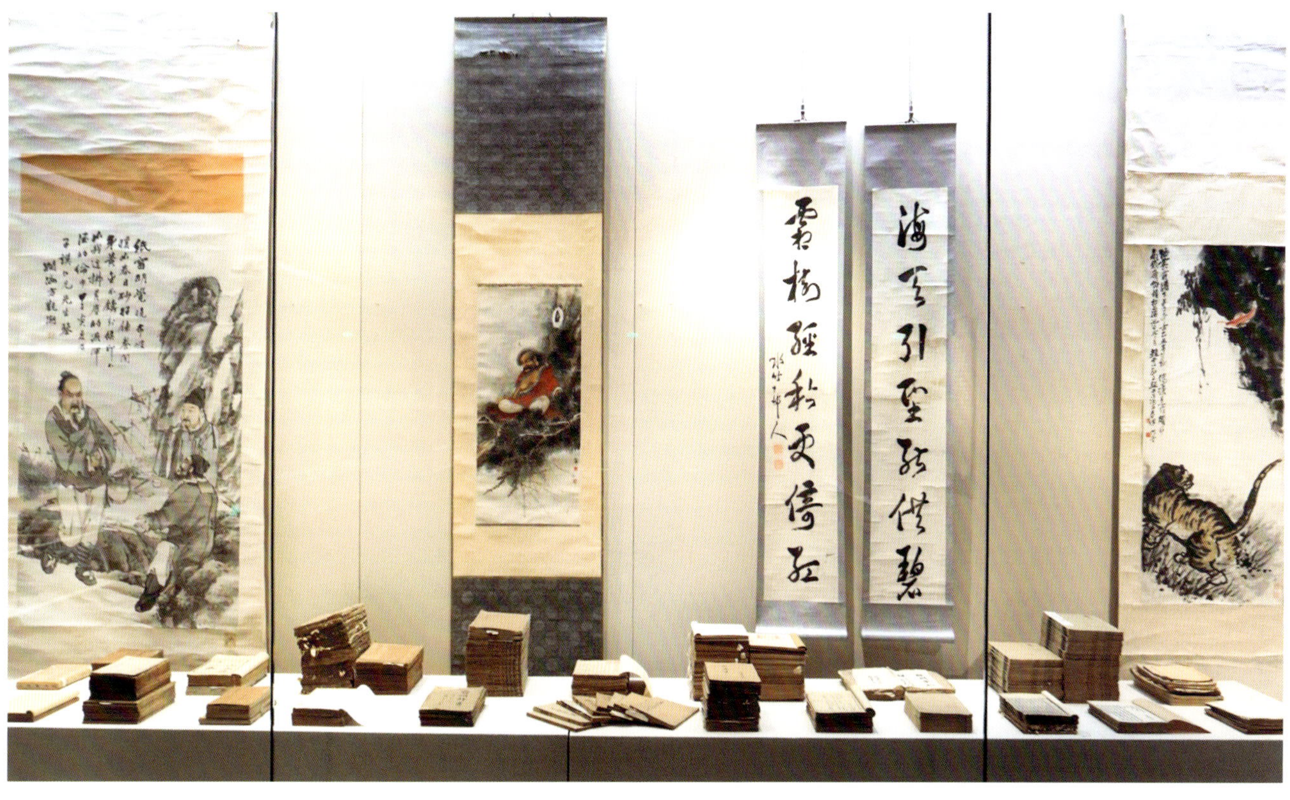

湖山寻梦
蒲华和他的台州师友们

湖山寻梦
蒲华和他的台州师友们
主办单位
临海市博物馆
台州市文保中心
展览时间
二〇一九年十一月二十七日
至二〇二〇年二月十日

春风化雨润三台

走进台州的文化大家

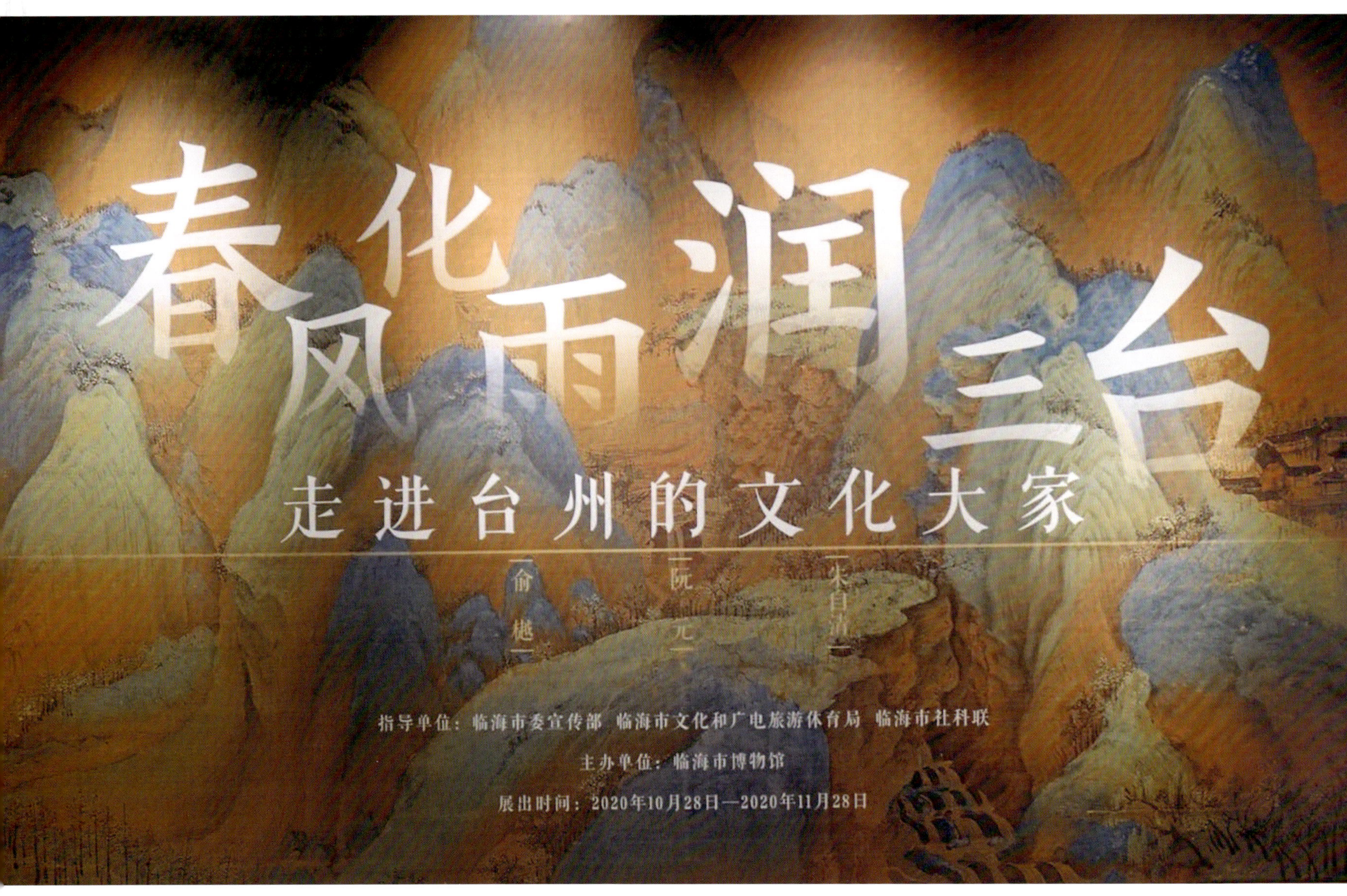
春风化雨润三台
走进台州的文化大家
俞樾
阮元
朱自清
指导单位：临海市委宣传部 临海市文化和广电旅游体育局 临海市社科联
主办单位：临海市博物馆
展出时间：2020年10月28日—2020年11月28日

阮元
俞樾
朱自清

摹石鼓文拓片

青囊無底
朱自清
散文与诗歌
昔游·台州
我的南方

华光重现

临海市博物馆馆藏文物修复成果展

华光重现

馆藏文物修复成果展

指导单位：浙江省文物局、浙江省博物馆学会
主办单位：台州市文化和广电旅游体育局、中共临海市委宣传部
承办单位：临海市文化和广电旅游体育局
协办单位：文博传媒机构文博圈
展览策划与实施单位：临海市博物馆

赏延素心

吉金永固
金属器
保护修复主要过程

诚待良工

台州式硬气

纪念台州置州一千四百周年特展

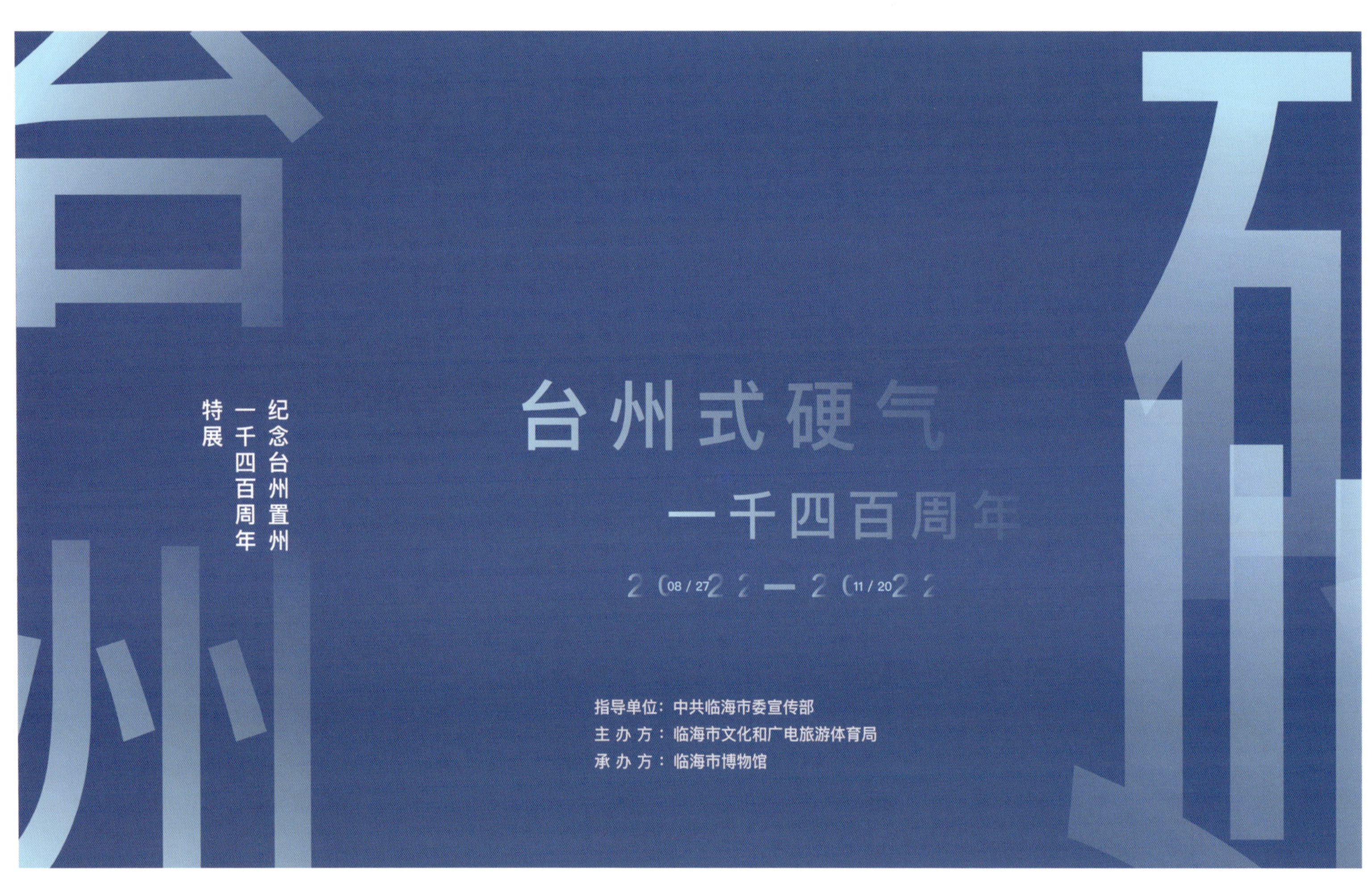
台州式硬气
一千四百周年
纪念台州置州一千四百周年特展
08/27 — 11/20
指导单位：中共临海市委宣传部
主办方：临海市文化和广电旅游体育局
承办方：临海市博物馆

气节相承
台州地域的精神文化特质

民俗
临海道情
黄沙狮子
做人要硬气
种田讲节气，做人讲骨气
身正勿怕影斜，猛火不怕生柴
打铁先要榔头硬

林场精神
热烈祝贺

风歌浩荡
台州式硬气的
时代展望

后记：迟到的致谢

自临海市博物馆于 2017 年底正式开放，到如今已经六个年头了。展览图录本是早就该完成的事情，汗颜今天方始得以出版。

临海市博物馆的常设展陈，早在 2012 年 12 月 26 日召开新馆布展前期工作研讨会时即拉开了序幕。回想当年，在临海市文广新局牟暄荣副局长的带领下，几个毫无经验的小兵披甲上阵，每个人都在做自己不熟悉的事情，向各个兄弟博物馆取经学习成了必不可少的经历，贯穿了新馆筹建始终。

2014 年 12 月，经过浙江省、台州市文博专家以及临海本地文史专家的反复评审、论证，浙江大学团队编写的展陈文本顺利完成，并通过省文物局验收。2015 年，临海市政府专题会议产生了临海市博物馆新馆布展工程特殊展示项目评审委员会技术及艺术领域专家团队，并聘请浙江省文物局原副局长陈官忠为布展工程项目顾问，从此展陈项目在专业推进方面有了主心骨。在展陈设计阶段，历经多次修改论证，最后的方案与初稿有了天壤之别。展陈施工时，更是面临各种大大小小状况，工棚里不知召开了多少次的协调会、工程例会……

2017 年底，临海市博物馆终于正式对外开放。那年的春节，观众从四面八方涌来，博物馆门前排起了长龙，最多的一天有 2 万余人参观。历史厅里，人们细细品味这一方土地从远古到近代走过的历程；翼龙厅里，小朋友们兴奋地探索翼龙的故事，操作着新奇的互动装置；民俗厅里，老人们穿越回儿时的场景，感动到流泪：“那是我们曾经消失的记忆啊！”这一刻，所有的辛苦努力都是值得的。

临海市博物馆能向社会交出这样一份答卷，是很多人努力的结果，是很多人无私帮助的结果。在临海市博物馆展陈图录出版之际,我们向所有在临海市博物馆筹建过程中给予过帮助的人们致以迟到的但是最诚挚的感谢！

感谢临海历届市委、市政府领导的大力支持！

感谢浙江省文物局各位领导和专家的业务指导！

感谢浙江省博物馆、浙江自然博物院、宁波博物院、常州博物馆、扬州博物馆、深圳博物馆、中国江南水乡文化博物馆、丽水市博物馆、舟山博物馆、台州市博物馆、黄岩博物馆等兄弟博物馆无私的经验分享和宝贵建议！

特别感谢陈浩先生、严洪明先生、金幸生先生、蔡琴女士、郑嘉励先生、李卫平先生、蔡小辉先生等诸位老师，以及以卢如平先生、徐三见先生为代表的诸多本地学者在内容策划、形式设计阶段给予的专业指导！感谢陈官忠先生、苏小锐先生、牟暄荣先生在博物馆建设过程中的全身心组织协调，并推动博物馆建设完美收官！

临海市博物馆展陈团队一直在努力提升自身的专业素养。自开馆以来，共策划了 13 个原创临时展览。从最初只能设计最简单的书画展览，到如今文本编写、形式设计和施工都能全面策划监管，临海市博物馆展陈团队一步一个脚印踏实前行。为社会提供优质的展览服务，更好地实现博物馆展陈团队的自我价值，始终是我们前行的最大动力！在未来的日子里，我们将更加努力，不负社会的期冀，不负曾经帮助过我们的人们！

临海市博物馆

2023 年 7 月

图书在版编目（CIP）数据

灵秀古城·州府神韵 ： 临海市博物馆 / 临海市博物馆编著． -- 杭州 ： 西泠印社出版社， 2023.3
ISBN 978-7-5508-3978-6

Ⅰ．①灵… Ⅱ．①临… Ⅲ．①文化史－临海 Ⅳ．①K295.5

中国国家版本馆CIP数据核字（2023）第005615号

灵秀古城·州府神韵：临海市博物馆

临海市博物馆　编著

出 品 人　江　吟
责任编辑　王　禾
责任出版　冯斌强
责任校对　曹　卓
出版发行　西泠印社出版社
（杭州市西湖文化广场32号5楼　邮政编码：310014）
电　　话　0571-87240395
经　　销　全国新华书店
印　　刷　杭州现代彩色印刷有限公司
制　　作　杭州乾嘉文化艺术有限公司
开　　本　787mm×1092mm　1/12
字　　数　155千
印　　张　15.5
印　　数　0001—1000
书　　号　ISBN 978-7-5508-3978-6
版　　次　2023年3月第1版　第1次印刷
定　　价　168.00元

西泠印社出版社发行部联系方式：（0571）87243079